LE PETIT COLLÈGE GAULOIS

VINCENT FARJON

LE PETIT COLLÈGE GAULOIS

Édition : BoD · Books on Demand, 31 avenue Saint-Rémy, 57600 Forbach, bod@bod.fr
Impression : Libri Plureos GmbH, Friedensallee 273, 22763 Hamburg (Allemagne)
ISBN : 978-2-3225-5799-8
Dépôt légal : Juin 2025

© Vincent Farjon, 2024

À Stéphane

INTRODUCTION

Le Petit collège gaulois est un collège d'éducation prioritaire qui a vu, entre septembre 2007 et juin 2012, ses moyens spécifiques réduits de 40 % et sa population se paupériser (part d'élèves issus de catégories défavorisées passée de 37 % à 46 %). Pourtant, dans le même temps, il a vu ses résultats au brevet des collèges passer de 54 % à 92 %, son taux de passage de troisième en seconde générale passer de 48 % à 61 % et le nombre d'élèves non affectés en voie professionnelle se réduire à 0.

Il existe dans les médias grossièrement deux discours.

L'un, nostalgique, qui nie les transformations de notre société et qui tente d'imposer un retour aux fondamentaux « soumission », « maîtrise de la lecture et de l'écriture » et « refus de prise en charge du côté éducatif du métier ». J'appellerai dans la suite de l'ouvrage les adeptes de cette doctrine les « Tais-toi et marche » (les TTM).

L'autre, centré sur le manque de moyens, qui ne voit de progrès possible
qu'avec une augmentation substantielle des moyens (en particulier du nombre de postes d'enseignants). Je nommerai les adeptes de cette doctrine les « File-moi des sous » (les FMS).

Dans l'institution scolaire, les tenants de ces deux doctrines ont en partie raison de militer pour leur cause, mais la vérité pour moi est ailleurs : l'investissement budgétaire doit être forcément important si l'on veut que l'école remplisse ses missions, et il n'y a pas de réussite possible sans incarnation quotidienne de l'autorité et sans que celle-ci soit reconnue par les élèves.

Le ciment de ces deux approches, qui sont en fait complémentaires et non antinomiques, doit être la confiance et la responsabilisation.

La réussite du Petit collège gaulois tient essentiellement à la qualité de ses équipes enseignantes, de vie scolaire et médico-sociale. Les échanges que j'ai pu avoir avec les différents acteurs de cet établissement ont toujours été constructifs, chacun refusant la fatalité et faisant systématiquement état de toute difficulté afin qu'une solution soit toujours trouvée. Il existe dans ce collège des logiques de solidarité qui ne sont en rien corporatistes, mais toujours tournées vers la réussite des élèves et l'excellence pédagogique.

J'entends souvent, et cela me navre, des discours négatifs sur les enseignants ou sur les élèves. Beaucoup de gens parlent sans connaitre la réalité du terrain. Les enseignants sont globalement extrêmement courageux, impliqués et professionnels. Les élèves sont pour 95 % d'entre eux (y compris dans un collège « difficile ») gentils et sans malice ni méchanceté. L'image pourtant reste négative.

En tant que chef d'établissement, j'ai accompagné les transformations de ce collège et essayé d'analyser les raisons profondes de cette réussite. Ce travail n'a rien de scientifique puisqu'il ne s'appuie que sur l'expérience d'un seul établissement, mais il concerne plus d'un millier d'élèves.

Ce livre espère donner de l'espoir à tous ceux qui croient encore à l'école, à la possibilité d'influer sur le destin des élèves, à tous ceux qui, au quotidien et loin des campagnes politiques et syndicales, s'investissent dans une mission et un métier de moins en moins mis en valeur.

QUELQUES VICTOIRES EXEMPLAIRES

J'ai choisi de commencer mon propos par des parcours d'élèves. Ces parcours sont étonnants, et bien qu'ils ne soient pas achevés, ils sont porteurs d'espoir.

Shéhérazade

Elle nous arrive au collège en classe non francophone, ses parents n'ont que peu de temps à lui consacrer, pas plus qu'à sa petite sœur. Elle a un caractère bien tranché, la langue bien pendue et un investissement dans le travail scolaire bien difficile à cerner. Sa cinquième est chaotique et sa quatrième s'annonce sous les pires auspices.

La principale adjointe lui ayant accordé la possibilité d'un stage durant cette année de quatrième (elle a déjà deux années de retard), Shéhérazade comprend alors que le quotidien d'une vendeuse n'est pas un avenir qui lui convient. Première prise de conscience, mais sans influence sur son attitude scolaire. Elle est moins insolente, mais son rythme de travail reste très faible.

Année de troisième, premier trimestre médiocre : direction le lycée pro et la voie de garage dans une filière non choisie. Elle part alors en stage dans un cabinet d'avocats où elle donne satisfaction et expose son vrai projet : devenir juge pour enfants ! Dans ce cabinet, elle rencontre une avocate qui lui raconte que ses propres parents, avec lesquels elle est arrivée du Portugal, ne parlaient pas français. Elle explique à Shéhérazade qu'en travaillant dur tout est envisageable.

Conseil de classe du deuxième trimestre : les notes sont toujours faibles, mais les enseignants ont vu une évolution nette dans son ardeur au travail.

Conseil de classe du troisième trimestre : elle a gagné trois points de moyenne générale, l'ensemble reste fragile, mais tout le monde reconnaît qu'elle a mérité sa chance : elle ira en seconde générale.

Shéhérazade a eu son bac L en trois ans et entame aujourd'hui des études de droit.

Mourad

Ce gaillard nous arrive durant son année de cinquième, il nous est affecté par l'inspection académique à la suite d'un placement dans une famille d'accueil. Il connait le juge et les services de police, il est pluri-exclu (déjà de nombreux conseils de discipline à son actif). Je le reçois avec la CPE avant son affectation en classe : il a deux ans de retard, fait 1,70 m pour 75 kg, il a 14 ans, mais en fait bien 17, exècre l'école et tout ce qui peut ressembler à un professeur (de sciences en particulier), il veut devenir cuisinier. Problème : comment l'intégrer à une cinquième où les élèves ont à peine douze ans et trois têtes de moins que lui ?

Nous nous apercevons déjà qu'il double sa cinquième, car ses problèmes personnels l'ont empêché de finir l'année et que le collège précédent a donc décidé de le maintenir (alors que la classe de cinquième ne devrait pas se doubler). Il a l'air aussi avenant et souriant qu'un végétalien obligé de manger du steak à tous les repas. Avec la CPE, nous tentons alors un coup de poker : assistés de son éducateur, nous lui proposons un passage immédiat en quatrième, sous réserve qu'il se tienne bien et qu'il travaille à trouver un patron pour un préapprentissage (impossible en fin de cinquième). Il dit banco et nous le dispensons de six heures de cours afin qu'il poursuive le travail qu'il a engagé avec son éducateur pour se reconstruire.

Son intégration est difficile, il manque encore souvent la classe, et ses relations avec son professeur de mathématiques sont plus que houleuses (un professeur exceptionnel, à la fois tenace, têtu, opiniâtre et d'une patience hors du commun) et il lui en fait voir de toutes les couleurs. Trois mois plus tard, comme nous n'avons déploré aucun incident grave, nous lui proposons ce que nous lui avions promis : un stage de quinze jours dans un restaurant. Son oncle nous donne l'adresse d'un établissement prêt à l'accueillir. Je m'y rends et rencontre un patron à poigne qui signe la convention. La semaine suivante je vais donc y manger, déguste une salade mouradesque, le cuistot venant tout sourire me saluer à la fin de mon repas. L'espoir revient, même si quelques mises au point seront nécessaires.

En fin d'année, Mourad entre en préapprentissage restauration, le patron le prend dans son restaurant. Un an plus tard, je décide de repasser prendre des nouvelles de Mourad. Le patron m'explique que pour parfaire son apprentissage, Mourad ne pouvait rester ici : il est désormais dans un très bon restaurant du 8e arrondissement de Paris...

Kevin

Kevin est en cinquième, c'est un élève lambda du collège : des capacités, mais beaucoup de nonchalance et peu d'ambition. Le foot, les copains ça lui suffit, il y a chez lui un petit côté « Alexandre le bienheureux » qui ne demande qu'à s'exprimer. L'internat d'excellence de Marly-le-Roy cherche à recruter ses premiers pensionnaires et j'ai déjà plusieurs bons dossiers à proposer. La professeure principale de Kevin vient me voir et me dit que ce gamin a un très gros potentiel, qu'il n'exprimera pas s'il reste chez nous. La famille est d'accord, je remplis donc le dossier. Comme pour tous ses camarades, j'échange avec l'assistante sociale du collège, car l'admission se fait aussi sur critères sociaux. Elle me fait part de ses doutes, car Kevin n'est pas très motivé. Finalement, il est retenu et part faire sa quatrième à Marly. Il est scolarisé au collège Lumière qui est l'un des meilleurs des Yvelines (autant dire de France). Fin du premier trimestre, nous recevons son bulletin : plus de 16 de moyenne, il obtient 19,2 en mathématiques, la meilleure moyenne de la classe (où il est mélangé avec les indigènes locaux). S'il tient le rythme, tous les espoirs sont permis pour une brillante réussite.

Septembre de l'année suivante, reportage de France 3 sur l'internat de Marly : théâtre, soutiens, accompagnement, coaching : rien n'est laissé au hasard pour les élèves des cités pris en charge dans ce lieu exceptionnel. Qui donc est interviewé par la journaliste ? Mon Kevin ! Elle a préparé ses questions et semble avoir jeté son dévolu sur notre petit génie :

– Kevin c'était comment avant l'internat ?
– Le collège était pas super, on n'était pas beaucoup aidés.

C'est que face à Louis Lumière, le Petit collège gaulois parait fade…

– Tu as l'impression d'être privilégié ?

Pensant qu'il va remercier l'institution !

– Bah non.

Dix-huit mois dans la jungle de Marly et il a déjà parfaitement assimilé les codes des indigènes. Je suis de plus en plus optimiste pour Kevin !

Jennifer

Jennifer n'aime pas l'école, son frère Brandon ne l'aimait pas non plus. Couvert par sa maman, Brandon s'est déscolarisé petit à petit pour ne plus venir du tout le lendemain de ses 16 ans, Jennifer prend le même chemin. Elle est mollassonne et trimbale sa grande carcasse dans le collège sans y trouver beaucoup d'intérêt. La CPE, l'infirmière et l'assistante sociale ne lâcheront pas Jennifer, utiliseront tous les moyens possibles (y compris le signalement au juge) pour la ramener dix fois sur le chemin de l'école. Puis elle entre dans notre dispositif alternance et commence à faire ce qu'elle voulait : de la coiffure. À 15 ans, elle entre tout sourire en préapprentissage. Pour la première fois de sa scolarité, je vois sa mère contente de venir au collège me faire signer la convention avec le CFA !

Boubacar

Boubacar arrive en sixième quatre ans après son grand frère. Ce dernier a usé la patience de la quasi-totalité des enseignants du collège. Voir arriver le petit deuxième inquiète nombre d'enseignants. Il parait inoffensif : 1,20 m, un sourire enjôleur, rien d'un futur diable. Les années suivantes vont être compliquées : plusieurs exclusions temporaires, un conseil de discipline dont il sort avec un sursis. Fin de quatrième, l'ange a grandi et semble hésiter entre plusieurs voies dont certaines risquent de l'écarter durablement d'un bon parcours scolaire. Nous le faisons entrer dans un dispositif expérimental de troisième pour les élèves devant logiquement poursuivre leur parcours en voie professionnelle.

Conseil de classe du premier trimestre, patatras ! Boubacar veut désormais être ingénieur ! Sauf que dans cette classe, le rythme est light, on encourage beaucoup, nous exigeons de lui 15 de moyenne avant d'étudier sa requête. Boubacar ne lâchera jamais, il s'est rapproché d'un des meilleurs élèves du collège Pierre-Alain, qui le coache, l'aide et l'encourage. À la fin de l'année, le conseil de classe s'incline et lui accorde la seconde générale avec les félicitations. Mais cela ne suffit pas, il faut pour transformer l'essai que Boubacar soit affecté dans le même lycée que Pierre-Alain. L'affectation refuse cette possibilité à Boubacar. Ce dernier revient fin août, car il sent qu'il a besoin de ce cadre pour tenir. Je joins le proviseur du lycée qui vient d'être nommé de retour de l'étranger. Une place s'est libérée, je raconte l'histoire et ne cache rien du parcours chaotique de Boubacar. Le collègue, qui visiblement en a vu d'autres me dit : « Qu'il vienne me voir, et s'il me convainc, la place est pour lui. » Boubacar fonce avec son père dans la journée et obtient l'inscription. Il revient nous remercier et nous dit combien il a confiance en ce lycée et ce proviseur. Boubacar est sur les rails a obtenu son passage en première S, je ne sais s'il sera ingénieur, mais dans son nouveau lycée personne ne soupçonne ses errements passés, il ira loin j'en suis certain.

De belles histoires comme celles-là, le Petit collège gaulois en a vu beaucoup d'autres. Leur dénominateur commun est la patience des équipes, l'entrée de l'élève dans une structure adaptée à sa problématique et enfin une rencontre déterminante avec un adulte. La conjonction de ces facteurs a permis aux élèves de retrouver de la motivation et du sens dans leurs apprentissages, faute de quoi tout espoir de réussite scolaire est vain. Il n'est pas question ici de moyens, mais de rencontres et de rapports humains. On ne résoudra rien en parlant d'effectifs par classe, de taux de passage ou de tolérance zéro, la solution pour gérer la difficulté scolaire est dans la recherche de solutions individuelles adaptées à chaque élève.

LE COLLÉGIEN ET L'ENTREPRISE

Nombre d'élèves du Petit collège gaulois ont une image déformée de l'entreprise. Leurs parents sont souvent au chômage ou occupent des postes subalternes loin des logiques managériales et de gestion d'entreprise. Les médias font la part belle aux licenciements et aux conflits sociaux, si bien que, vue de l'œil d'un élève, l'entreprise n'est pas un monde où l'on a envie de s'intégrer (contrairement au monde du foot, mais j'y reviendrai). Dans cet esprit, les options « découverte professionnelle » sont censées remédier à ce prisme déformant, le collège a donc investi ce domaine dans l'intérêt des élèves. Afin de leur proposer des parcours intéressants, je cherche des partenaires. La mairie de la commune me met en contact avec un groupement d'entreprises, le GEBS. Son président décide de développer un partenariat avec le collège et permet aux élèves de découvrir une dizaine d'entreprises dans trois secteurs d'activité locaux (l'automobile, la grande distribution, l'aide aux personnes).

Les deux professeurs responsables du projet sont de grande qualité et avec une ouverture d'esprit remarquable qui permet aux patrons des PME d'œuvrer en confiance. Les élèves sont reçus par le patron qui fait lui-même visiter son entreprise et nos collégiens vont de surprises en surprises :
- les patrons sont sympas et disponibles ;
- les ambiances dans les entreprises ont l'air bonnes ;
- ils voient des jeunes, blanc, beurs, blacks avec des responsabilités et valorisés par leur patron ;
- si on travaille dur et que l'on a une compétence particulière, on gagne un bon salaire ;

- il y a du travail près de chez eux ;
- on les prend en stage.

Ce partenariat a permis de monter un projet qui a eu un impact évident sur la scolarité des élèves. Ce projet nommé « Troisième perspective » a pour origine un constat que les équipes enseignantes avaient fait : beaucoup d'élèves de troisième étaient très démotivés pendant leur année de troisième. Année durant laquelle ils ne faisaient rien et attendaient tranquillement une entrée en lycée pro, qu'ils pensaient de droit.

Or, l'affectation en lycée pro se faisant sur la base des résultats, ils étaient souvent soit non affectés, soit affectés dans une filière sans intérêt pour eux. L'idée de la « Troisième perspective » est venue afin de valoriser les filières de l'alternance et le monde de l'entreprise, ce dispositif leur autorisant trois périodes de stage afin de valider le projet pro.

Afin de rendre cette classe attractive et de ne pas la voir cataloguée « classe poubelle », plusieurs mesures ont été prises dès l'origine :
- sélection des élèves ;
- projet pédagogique fondé sur l'encouragement et la valorisation ;
- six conseils de classe pas an ;
- création de plusieurs temps forts : journée intégration, visites… ;
- aide à la recherche de stages (trois par ans) ;
- implication de l'équipe dans la construction du projet pro de l'élève.

Deux promotions ont fini leur cursus et le bilan est éloquent.

La sélection à l'entrée est réelle : les élèves doivent rendre une lettre de motivation et passer un entretien. Les élèves perturbateurs ne sont pas retenus et sont scolarisés dans les troisièmes classiques. Les élèves retenus sont faibles et peu motivés par l'enseignement général, mais ont assez bon esprit.

Tous les élèves ont eu, à la fin de chaque année, une solution correspondant à leur demande (aucune orientation par défaut).

Alors que nous avions trié des élèves en conflit avec l'école et ayant manifesté leur désir de la quitter dans des délais assez brefs, aucun, la première année, n'a demandé de CFA. Tous se sont engagés dans un bac pro (donc pour trois ans en établissement scolaire !). Depuis deux ans, ces élèves obtiennent, avec des critères identiques aux autres classes et conformes aux exigences des inspecteurs (présentation de cinq œuvres), plus de 13,5 de moyenne à l'épreuve d'histoire des arts ! Leur contact avec l'entreprise les a convaincus de la nécessité d'avoir une vraie qualification avant d'entrer dans la vie professionnelle. Ces élèves sont peu scolaires, mais intelligents et pragmatiques !

Il n'y a eu dans ces deux promotions aucun problème grave de discipline.

Le lien école-entreprise est fondamental si l'on veut que les jeunes s'investissent dans leurs études et s'imaginent avec un avenir dans notre société. Je discutais un jour avec un responsable d'une chambre de commerce, qui m'expliquait que lui et ses pairs étaient contents que l'enseignement des sciences économiques soit désormais obligatoire en classe de seconde générale. Je lui répondis alors que sa victoire était relative, car les enseignants de SES n'avaient que très rarement un parcours d'entrepreneur et présentaient une vision très théorique et parfois orientée du monde économique. En effet, j'ai moi-même fait mes études dans une UFR de sciences économiques et mes amis étudiants qui étaient emballés par le monde de l'entreprise sont tous partis dans le privé. La présentation du monde de l'entreprise par les membres de l'éducation nationale m'a toujours paru partiale et peu à l'avantage du monde entrepreneurial. Je pense que l'esprit d'entreprise doit être enseigné à nos jeunes et qu'ils doivent voir de leurs propres yeux la réalité du monde du travail.

Le stage de troisième est une très bonne idée, il faudrait juste que les entreprises ouvrent leurs portes une semaine afin que les jeunes puissent y rentrer et observer. Pour l'instant c'est le réseau des parents qui fait la qualité du stage. Au Petit collège gaulois, c'est un groupement d'entreprises qui a mis son réseau à disposition de nombre d'élèves de troisième. Cela ne coûte presque rien, encore une fois ce sont des rencontres et de la bonne volonté qui ont poussé les murs et changé des destins. Les dirigeants de PME qui ont aidé nos élèves l'ont fait bénévolement sur leur temps personnel, convaincus de la nécessité d'aider les jeunes. Certains de ces dirigeants n'ont pas un parcours scolaire exemplaire, ils sont en revanche tous courageux et volontaires. Ils parlent solidarité, développement durable. Ces personnages remarquables ne passent jamais à la télévision, mais ont fortement impressionné nos élèves et sont pour beaucoup dans la réussite de notre projet.

LES ORPHELINS DE 16 HEURES

Mon arrivée au collège à la rentrée 2007 a coïncidé avec la mise en place de l'« accompagnement éducatif ». Mesure phare du programme de Nicolas Sarkozy, cette nouveauté va être déterminante dans l'évolution du Petit collège gaulois. Les enseignants du collège ont toujours souhaité s'investir au-delà du cadre strict de la salle de classe.

Il existait déjà au collège le dispositif « école ouverte » qui permet aux enseignants de proposer des activités innovantes pendant les vacances scolaires. Cette opération est excellente pour le climat scolaire. Pendant ces périodes moins tendues, les élèves et les enseignants se découvrent et tissent des liens qui éviteront que les élèves « débordent » pendant les périodes de tensions qui sont inévitables dans une année scolaire.

L'avantage de l'accompagnement éducatif (combiné à l'école ouverte), c'est qu'il est affranchi de tout programme et permet une liberté pédagogique totale. Les actions proposées sont décidées en fonction des besoins locaux et permettent de prendre en charge nombre d'élèves.

L'idée, dans un collège défavorisé, c'est d'utiliser ces moyens nouveaux pour compenser les difficultés créées par le dénuement de certaines familles. Faisons à l'école ce que les familles favorisées font avec leurs enfants lorsqu'elles veulent les aider à réussir : cours particuliers, initiations culturelles, activités sportives structurantes. Près de la moitié des élèves du collège bénéficie de l'accompagnement éducatif où la diversité est la règle :
- initiation aux échecs ;
- club argumentation (café philo) ;
- club comédie musicale ;

- club théâtre (pour inciter les élèves à rejoindre la section du lycée voisin) ;
- club court métrage ;
- radio en anglais ;
- formation secourisme ;
- club humanitaire (prix du civisme 2008 de l'association des membres de l'Ordre national du Mérite des Yvelines) ;
- initiation golf (avec possibilité d'intégrer l'école du golf de Maisons-Laffitte, financé à 90 % par la Ligue de Golf Paris) ;
- fitness pour les élèves en surpoids ;
- étude pour les élèves de sixième (rentrent chez eux devoirs faits) ;
- 12 groupes de soutien scolaire.

Cette prise en charge favorise l'intégration des élèves au collège. Plus ils s'y sentent bien, plus les élèves en difficulté vont accepter de consentir à des efforts. Plus ils vont gagner en confiance, plus ils vont performer.

L'accompagnement éducatif coûte très cher, mais chaque euro dépensé va directement au bénéfice des élèves. L'affectation des moyens se fait sur la base des projets. Plus ils semblent performants et proches des problématiques des élèves et plus ils sont richement dotés. Cette révolution dont personne ne parle est en marche, et j'espère sincèrement que l'institution continuera à affecter ses marges de manœuvre en fonction des besoins et non en fonction d'une carte ZEP vieille parfois de plus de vingt-cinq ans. C'est la logique de l'accompagnement éducatif qui dote également les collèges favorisés où la difficulté scolaire n'est pas absente.

MIXITÉ DU COLLÈGE

L'un des atouts majeurs de ce collège est la mixité de ses élèves : mixité sociale, mixité ethnique, mixité de projet de vie. Le collège est l'un des derniers endroits de notre société où les différentes strates de notre population sont censées se croiser. Ce brassage n'a souvent pas lieu, car nombre de collèges sont homogènes en termes de population : soit « homogènes favorisés », soit « homogènes défavorisés ». Les deux cas sont des handicaps. La force du Petit collège gaulois est son extrême diversité : se côtoient au collège, le fils de médecin avec le RMiste, le black, le blanc et le beur, le fils d'enseignants avec le non-francophone, le musulman avec le catholique, celui qui se rêve chirurgien et celui qui se voit plombier, celui qui se veut chef de bande et celui que la timidité freine chaque jour.

L'influence des mauvais élèves sur les bons est une angoisse des parents, mais en fait ils sous-estiment leurs enfants. En général, le parcours des mauvais élèves conforte les bons dans leurs choix. Ceux qui sortent du collège avec un passage confortable en seconde générale sont plus solides mentalement qu'ailleurs, car ils savent que tout le monde n'a pas cette chance.

D'autre part, la concurrence étant moins rude et les enseignants plus enclins (je le détaillerai dans un prochain chapitre) à encourager l'effort, les bons élèves ne souffrent pas d'un surcroit inutile de pression, ils sont juste confortés dans la pertinence de leur choix, sans stress inutile.

Malgré tout, envoyer son enfant au Petit collège gaulois n'est pas une décision prise par tous les parents du secteur, et comme tous mes collègues principaux j'aspire à recevoir tous les élèves de mon secteur. Pour cela, valoriser l'image du collège est indispensable. Comment faire pour rassurer les parents et éviter du transport aux enfants alors que le collège de secteur est de grande qualité ? J'ai toujours expliqué aux enseignants que nous ne serions pas entendus des familles en deçà d'un certain niveau de résultat.

Le collège, jusqu'en 2011, a donc joui d'une mauvaise réputation : les équipes enseignantes tenant les élèves et les obligeant à de nombreux efforts pendant la journée, les élèves, à la sortie du collège, se laissent abondamment aller et la sortie ressemble parfois à un « lâcher de fauves ». Les parents, ne rentrant jamais à l'intérieur du collège, n'ont alors que cette image pour se représenter ce qui peut se passer à l'intérieur. J'ai ainsi proposé aux parents de CM2 une visite du collège en situation pour qu'ils se rendent compte par eux-mêmes. Pour la première fois, en 2010, des parents ont répondu à l'appel et ont constaté par eux-mêmes le calme dans les classes, la propreté des locaux, la gentillesse des élèves (ça, ils le savaient déjà puisque les collégiens proviennent des écoles fréquentées par leurs enfants). La performance du collège reste liée à sa diversité : si l'évitement devenait trop important, l'équilibre fragile qui y règne serait menacé. À l'inverse, si la part d'élèves performants devenait trop importante, la vigilance des équipes et la volonté de remédier aux difficultés de chacun des élèves ne seraient peut-être plus prioritaires.

La sociologie du Petit collège gaulois est proche de celle du pays, et j'ai donc toujours milité pour que les résultats soient comparables aux moyennes nationales. L'étiquetage « éducation prioritaire » ne devait pas être un frein aux ambitions des élèves. Cette approche de la performance est partagée par les enseignants, tous très soucieux que les indicateurs du collège démontrent la qualité du travail entrepris. Il y a une grande fierté à obtenir de bons résultats et c'est d'autant plus vrai quand le challenge est compliqué au départ.

MIXITÉ ET COLLÈGE UNIQUE

La réforme Haby a institué en 1975 le collège unique et unifié les CET (collèges d'enseignement technique) et les CEG (collèges d'enseignement général) pour donner le CES (collège d'enseignement secondaire). Tous les élèves d'une classe d'âge allaient désormais fréquenter le même établissement. Depuis cette date, le « collège unique » a été régulièrement attaqué (en particulier par les « Tais-toi et marche »), car il serait la cause de tous les maux. En fait il n'en est rien, « collège unique » ne veut pas dire « collégien unique » et la diversité des élèves a énormément complexifié le travail des enseignants. La mixité qui fait la force du Petit collège gaulois n'existerait pas sans la loi Haby. Le service militaire ayant été supprimé, le collège (avec l'école élémentaire) reste la seule institution où les diverses classes sociales peuvent encore se croiser. Nombre de parents essayent par tous les moyens d'éviter cette rencontre pourtant très formatrice pour les jeunes apprentis citoyens.

Cependant, cette unicité de lieu nécessite une adaptation pédagogique qui relève de l'autonomie de chaque collège. Au Petit collège gaulois, si le collège reste unique, les parcours d'élèves sont en revanche très divers. Afin que la cohabitation se passe bien, il est indispensable de prévoir la prise en charge des élèves en difficulté. La lutte contre le décrochage scolaire est une priorité si l'on veut maintenir la paix à l'intérieur de l'établissement. Pierre-Yves Bernard écrit dans son ouvrage *Le décrochage scolaire :* « Travailler et faire des efforts sans obtenir de résultats ne peut être interprété que de deux manières par l'élève : soit sa propre incapacité, soit l'hostilité de l'institution scolaire. C'est évidemment la seconde réponse qui sera choisie, parce qu'elle ouvre la possibilité de se valoriser ailleurs que dans la performance scolaire, notamment auprès des pairs, dans l'opposition à la forme scolaire. » Il est donc nécessaire de valoriser les élèves qui ne sont pas performants scolairement, et pour répondre à cet objectif, le Petit collège gaulois va mettre en place plusieurs dispositifs.

Lors de mon arrivée, le dispositif CLA (classe d'accueil qui scolarise les élèves non francophones) est déjà en place. Le temps que ces élèves maîtrisent les rudiments de la langue française, ils sont regroupés dix-huit heures par semaine avec un professeur spécialisé et le reste du temps dans une classe banale. Pendant ces temps d'intégration, les élèves ne comprennent au début pas grand-chose. Ils sont scolairement inopérants, mais les enseignants ne les évaluent pas de la même façon et font preuve de patience et de mansuétude. Cette habitude va s'avérer décisive pour la mise en place des autres dispositifs.

Une des écoles élémentaires du secteur du collège possédait une CLIS (classe d'accueil pour élèves ayant des troubles cognitifs gênant les apprentissages), les élèves de cette classe ne pouvaient poursuivre leur cursus au collège faute de structure adaptée. L'opiniâtreté de l'équipe de direction et la loi de 2005 vont accélérer le processus. La classe nommée UPI, puis ULIS, ouvrira à la rentrée 2009, le vote du conseil d'administration du collège nécessaire à l'ouverture sera quasi unanime (à l'exception de deux voix de parents d'élèves). Les parents ont souvent peur que des élèves d'un niveau inférieur viennent freiner la progression de leurs enfants, mais il n'en est rien : c'est le contraire qui se produit en pratique. Tous les matins depuis septembre 2009, je me demande comment notre société a pu interdire l'accès au collège aux élèves d'ULIS. Ce sont des jeunes comme les autres, avec des soucis d'enfants de leur âge.

Leurs difficultés sont lourdes, le travail de l'enseignante spécialisée est difficile et épuisant. Ils ne sont pourtant en rien une gêne pour le collège, au contraire, ils participent à former l'esprit de tolérance de tous les collégiens. Comme les élèves non francophones, ils sont intégrés dans des divisions ordinaires entre deux et dix heures par semaine.

Un matin, lors d'une rencontre avec des parents de sixième, j'aborde le difficile sujet du harcèlement entre élèves. Je demande si les nouveaux élèves se trouvent bien au collège. C'est alors qu'une maman prend la parole et me dit : « Chez vous, il y a bien moins de harcèlement que dans les autres écoles. » Bien embêté, je m'apprête à répondre comme à l'habitude que chez nous ce n'est ni plus ni moins qu'ailleurs (car en général, les moqueries sont courantes en sixième). Mais cette intervention me déstabilise et m'oblige à tempérer en disant que « non, c'est autant qu'ailleurs ». Elle insiste et explique alors que son fils est dyspraxique (handicap moteur qui empêche d'avoir une écriture lisible) et que c'est la première fois qu'il n'est pas moqué. Ce témoignage prouve à quel point il est important de maintenir la mixité dans les collèges, qu'elle soit ethnique, sociale ou intellectuelle. Est-il concevable que jamais dans notre société nous ne croisions de gens différents de nous ?

La CLA et l'ULIS permettent l'intégration dans les classes ordinaires d'élèves reconnus par l'institution comme extraordinaires, mais des profils très divers coexistent dans le reste de la population du collège et la logique de la structure d'adaptation va générer trois nouveaux dispositifs : la SAS, la « Troisième perspective » et la « SAS alternance ».

Premier constat : le collège punit beaucoup et prononce de nombreuses exclusions temporaires. Lorsque les élèves reviennent d'exclusion, ils changent rarement d'attitude, et

leur absence n'a fait que renforcer leurs lacunes et leurs retards. Les enseignants font alors le choix pour la rentrée 2008 de remplacer une division de troisième par une division vide où serait affecté pour quinze jours un maximum de six élèves sanctionnés d'exclusion temporaire. La « classe SAS » est née. « SAS », car les membres de cette classe ne sont ni dehors ni dedans, on profite de leur sanction pour remédier à leurs difficultés. Une entrée en SAS ne peut se faire qu'avec accord de la famille. Cette ouverture est exemplaire à plusieurs niveaux :
- les enseignants ont accepté de voir les effectifs de certaines divisions augmenter afin de permettre la création de la structure (rupture avec la logique de moyens supplémentaires) ;
- refus de la logique d'exclusion. Sortir un élève d'une classe est souvent nécessaire. L'exclure du collège beaucoup moins. C'est la logique de la sanction « exclusion de la classe », nouveauté de la rentrée 2011. Le collège avait sur ce thème trois ans d'avance ;
- reconnaissance de la nécessité de prise en charge individuelle des élèves en grande difficulté et donc refus de la fatalité.

Avec les moyens de la politique de la ville, ces élèves bénéficient de séances avec des psychologues qui travaillent avec eux leur projet et leur estime de soi. Cette classe se rapproche de la logique des classes relais (dispositif permettant de sortir un élève de sa classe pendant six semaines au moins afin d'être pris en charge dans un autre établissement), avec en plus l'avantage de ne pas imposer de changement de collège aux élèves choisis. La SAS ouvre en septembre 2008, très vite le fonctionnement évolue : en début d'année les tensions ne sont pas encore importantes et sont donc conviés en SAS des élèves perturbateurs mais non encore sanctionnés d'exclusion temporaire. La SAS va se transformer en dispositif préventif... Six élèves tous les quinze jours, cela donne la possibilité à 90 élèves de bénéficier de cette aide. Cette offre est bien trop importante : en effet, sur 450 élèves, bien moins de 90 ont des difficultés nécessitant un passage par le dispositif, du coup des sessions de quinze jours sont proposées à des élèves (par groupe de douze) qui ne posent aucun problème de comportement mais qui ont des lacunes scolaires importantes. La classe n'est pas mal perçue par les élèves : s'il n'est pas très agréable d'être sorti de sa classe pendant quinze jours, la prise en charge et le discours positif des enseignants permettent de reprendre confiance. Si au retour le rythme des cours est difficile à reprendre, les élèves améliorent considérablement leur comportement et le regard porté envers les profs a changé. Cette classe a permis de réduire considérablement le prononcé d'exclusions longues. En moyenne, trois familles par an ont refusé l'entrée de leur enfant dans le dispositif (et leurs enfants ont donc été sanctionnés le plus souvent d'exclusions temporaires).

Cette classe a permis de pacifier les ambiances de classe, et la réflexion des équipes est allée encore plus loin avec la création de la classe de « Troisième perspective ». Nombre d'élèves se comportaient très bien en SAS, mais continuaient d'éprouver d'énormes difficultés en classe ordinaire. La suite logique était de leur proposer un débouché en classe de troisième. Cette classe, dont le projet a été détaillé dans un chapitre précédent, permet de prendre en charge des élèves peu performants scolairement, mais volontaires et capables d'être bien intégrés dans le milieu professionnel. Elle s'est avérée être une classe où les élèves redeviennent scolaires : nombre de parents nous disent avoir revu leurs enfants pour la première fois depuis des années au bureau à faire leurs devoirs.

Les principes fondateurs de ces deux dispositifs (classe SAS et « Troisième perspective ») sont les suivants :
- prendre les élèves là où ils sont sans leur reprocher de s'y trouver ;
- valoriser la moindre réussite dès qu'elle se produit.

Ces principes sont acceptés par les équipes et permettent à un grand nombre d'élèves d'évoluer positivement. Cependant, ils ne permettent pas de résoudre tous les problèmes et nous nous sommes heurtés à deux constats d'échec. Les élèves qui passent plus de deux fois par un dispositif ne sont plus réceptifs et n'évoluent que rarement positivement. Ils retrouvent des têtes connues et des méthodes qui n'ont plus rien de neuf pour eux.

Les sessions de quinze jours risquant de ne pas faire le plein, et afin d'éviter tout risque de remplissage « à tout prix », nous avons décidé d'y inclure un autre dispositif : la SAS alternance. Cette structure a été créée pour prendre en charge les élèves très décrocheurs (présentant un fort taux d'absentéisme). Elle leur propose une alternance de quinze jours de stage et de quinze jours d'école, afin de les préparer à une orientation en CFA. Pour qu'un élève réussisse son parcours en CFA, il doit s'engager dans une voie qui le motive et trouver un patron. Les élèves qui décrochent doivent être préparés, afin que cette transition se passe bien. Ils doivent réapprendre l'assiduité et la ponctualité et trouver une entreprise dans laquelle ils se sentent bien.

Les élèves passés par le dispositif SAS alternance ont tous retrouvé une motivation et vu leurs absences se réduire fortement, les deux tiers ont trouvé une affectation motivante. Pourtant, tous étaient en échec grave. Quel est le dénominateur commun entre tous ces élèves qui ont su se sortir de la spirale de l'échec ? Ils ont trouvé des espaces de parole et des adultes à l'écoute.

ÉCOUTER ET SOIGNER

Une des grandes forces du Petit collège gaulois est l'efficacité et l'implication du service médico-social (infirmière, assistante sociale, médecin et conseiller principal d'éducation).

On ne peut apprendre correctement quand on a de gros soucis. Cette phrase parait énoncer une évidence, qui pourtant est souvent niée par les « Tais-toi et marche ». On va nous ressortir l'exemple de tel élève qui issu d'un milieu très défavorisé (voire hostile) s'en est sorti (sous-entendu ceux qui ne s'en sortent pas sont : soit fainéants, soit pourris à la base par le gène de la délinquance). Ces objections ne sont pas recevables. Si les actes (parfois graves) posés par certains élèves doivent être sanctionnés, on se doit de trouver ce qui empêche l'élève de fonctionner correctement et d'y remédier si cela est possible.

Je vais prendre plusieurs exemples afin que mon propos soit clair et que l'on ne puisse me taxer de démagogie.

Jeanne a perdu son père pendant les vacances, elle a peur en se rendant au collège de ne pas retrouver sa mère vivante le soir.

Les parents de Diwan ont divorcé, il a suivi sa mère de Bordeaux en région parisienne. Le budget mensuel de sa maman a été divisé par quatre, la surface du logement par trois.

Okan arrive de Turquie, il mesure 1,30 m, ne parle pas français, hier encore il courait dans les rues de son village. En plus, sa belle-mère ne veut pas de lui.

Stéphane a très mal aux dents, ses parents n'ont pas la CMU et ne savent pas comment le faire soigner.

Océane a été retirée de sa famille, elle aime ses parents, mais ceux-ci sont défaillants.

Je vais détailler un dernier cas, car il est très révélateur de la nécessité d'aller bien.

Virginie est scolarisée dans un lycée du 93, elle est très insolente et ses résultats sont médiocres. Elle est au centre d'un drame : elle accuse un voisin d'agression sexuelle. Ce voisin est également scolarisé au lycée, le juge n'a pas décidé de mesure d'éloignement. Elle est accompagnée par l'assistante sociale durant des mois et puis, à la fin de l'année, la situation se complique encore : son dossier lui permet un passage en première STL, mais son voisin va également demander et obtenir cette filière et le lycée ne possède qu'une division. Nous n'avons guère d'option en dehors du redoublement, mais c'est la punir alors qu'elle est victime. L'assistante sociale assiste au conseil de classe et explique (à huis clos) que la décision qui va être prise l'est pour des motifs non scolaires et qu'il est important que l'équipe l'approuve. Nous décidons d'envoyer Virginie en première S. Elle a 4 en maths et 6 en physique. Le prof de maths s'étouffe, mais ne dit rien. Deux ans après (sans redoubler), Virginie décroche son bac S à l'oral. Elle s'est remotivée et est redevenue la bonne élève qu'elle était au collège. Pourtant, à la lecture des chiffres, elle n'avait rien à faire en première S.

L'idée ici est d'essayer d'aider suffisamment les élèves afin que leur situation personnelle leur permette à nouveau de se concentrer sur leur scolarité. Pour cela, il faut une équipe médico-sociale solide, soudée et possédant un vrai pouvoir.

Il est fondamental que les élèves aient des lieux d'écoute où leur parole est prise en compte et où la confidentialité est respectée. Les élèves se livrent énormément, nombre de drames sont évités, car nous sommes prévenus. Les membres de l'équipe médico-sociale ne dévoilent des informations qu'avec l'accord des élèves. Ces personnels sont anciens et reconnus dans le collège. Les élèves sont en confiance, et cette relation de confiance, il a fallu la construire. Tous les quinze jours, une commission de suivi se réunit. Les personnels, soumis au secret, y évoquent les situations d'élèves et proposent des aménagements : entrée dans une structure, prise en charge financière, signalement...

Lorsque des actes graves sont commis (bagarres, vols, contestation de l'autorité...), ces personnes sont entendues avant qu'une sanction ou qu'un mode de réparation soit décidé : l'exclusion du collège pour certains élèves peut être l'élément déclencheur d'une déscolarisation. Les décisions remettant en cause la scolarité d'un élève sont systématiquement collectives. Plus le service médico-social est impliqué, plus les chances d'évolution positive des élèves sont fortes.

SANCTIONNER : TOLÉRANCE 0 ?

Un établissement comme le Petit collège gaulois est régulièrement confronté à des périodes d'agitation ou de tension. Ces moments difficiles ont plusieurs origines : fatigue des élèves, tension dans la cité, contexte politique, rencontre sportive (coupe du monde de football), incompréhension avec un collègue, situation personnelle dramatique d'un élève... Même en dehors de ces périodes, certains élèves posent des actes qui nécessitent une intervention des adultes. Chaque année, le collège, par le biais de son chef d'établissement, prononce de nombreuses sanctions : des centaines d'avertissements, des dizaines de journées d'exclusions et le conseil de discipline se réunit entre dix et vingt fois. La politique de sanction est un élément essentiel à l'instauration d'un climat serein dans les classes.

Il y a régulièrement un débat autour de « Faut-il ou non prôner la tolérance 0 ? » Tout dépend de ce que l'on met derrière ce vocable : s'il s'agit d'exclure du système tout individu qui ne se conformerait pas aux règles, bien sûr que non. Si, en revanche, il s'agit d'apporter une réponse à chaque manquement avéré au règlement intérieur, alors OUI, il faut prôner la tolérance 0. Sauf qu'une fois ce postulat posé, il faut définir quel type de réponse mettre en place face aux actes posés par les élèves.

La plupart des manquements sont minimes : oubli de matériel, travail non fait, bavardage intempestif... Ces manquements sont gérés par les enseignants (remarque orale, mot sur le carnet, devoir supplémentaire, retenue, etc.). Lorsqu'un manquement est observé par l'adulte et que l'élève s'en aperçoit, il est impératif que l'adulte intervienne, sinon l'élève considérera sa non-intervention comme une autorisation à recommencer.

La situation commence à se compliquer quand malgré plusieurs interventions l'élève ne modifie pas son comportement, refuse la punition qui lui a été donnée par l'adulte (professeur, surveillant...) ou qu'il pose un acte plus grave (violence verbale, coups, etc.). Il est alors nécessaire d'intervenir à un autre niveau : le CPE va donc prendre le relais et entreprendre une phase de dialogue avec l'élève et la famille s'il y a lieu, avec intervention ou non du chef d'établissement ou de son adjoint. Le refus de certains élèves de se plier aux règles de la communauté doit absolument être combattu en maintenant tant que faire se peut ces jeunes dans leur collège de secteur.

Lorsque quelqu'un d'extérieur à notre collège y passe une demi-journée, il est en général frappé par la gentillesse de nos élèves, ignorant que certains parmi eux n'ont pas toujours eu le bonjour aimable spontané. Nous ne faisons pourtant pas grand-chose de différent dans ce collège par rapport à un autre, il y a juste peut-être un peu plus de temps qui est donné à un élève pour s'amender.

Si nous nous trouvons face à un cas où l'élève refuse les règles, nous appliquons toujours à peu près la même procédure.

Reconnaître ses fautes
Tant que le jeune est dans le déni, on ne peut rien faire, mais généralement les fautifs reconnaissent leurs torts.
Comprendre les causes
Nous convoquons l'élève pour qu'il explique pourquoi il agit ainsi.

Il peut s'exprimer librement, même si la justification est fallacieuse. Il est important de comprendre ce que nous devons reprendre dans son cheminement.

Faire verbaliser la nécessité de la sanction
Si l'on y consacre suffisamment de temps, l'élève va exprimer qu'il est nécessaire qu'il s'excuse et qu'il répare (d'où l'acceptation de la sanction).

Lorsque la cellule familiale est en confiance avec l'institution, elle va valider notre démarche et l'élève n'aura d'autre choix que de modifier durablement son comportement. La famille peut parfois avoir un vécu personnel compliqué avec l'école ou parfois ne pas être capable d'incarner l'autorité parentale. Dans ces cas-là, le travail avec l'élève réfractaire va être plus long et plus compliqué. Ce manque de soutien dans notre démarche va fragiliser l'élève, et pour qu'une sanction ait alors une portée, il faut :
- savoir si oui ou non l'élève est en état d'accepter la sanction ;
- savoir si la sanction est proportionnée ;
- savoir si la sanction met la structure familiale en difficulté ;
- savoir si les prises en charge extérieures vont prendre le relais ;
- savoir si la sanction va favoriser la prise de conscience de l'élève.

L'utilisation de la palette des sanctions dans son intégralité (de l'avertissement à la convocation du conseil de discipline) est importante, car elle va permettre de provoquer de nombreuses rencontres avec la famille. Le fait de laisser un nombre important d'occasions à l'élève de se conformer à ce que l'école attend de lui va générer une relation de confiance qui va faciliter son évolution positive.

En tant que chef d'établissement, il m'incombe dans le collège d'incarner l'autorité. Ce rôle est certainement le plus difficile à incarner, car il est au centre de nombreuses injonctions paradoxales :
- assurer un soutien sans faille aux enseignants dans l'exercice de leur mission ;
- protéger quoi qu'il arrive les élèves qui nous sont confiés (les bons, comme ceux en détresse) ;
- entendre les demandes des familles ;
- veiller au respect de la loi et des circulaires.

J'ai toujours expliqué aux enseignants avec lesquels j'ai travaillé que l'attitude à adopter pour ne pas se tromper était de s'interdire de dire ou de faire à un élève ce que nous ne dirions ni ne ferions à nos propres enfants. Il est primordial de ne pas tolérer les manquements au règlement, mais il faut user de stratagèmes et de force de conviction pour convaincre l'élève de la justesse de la position de l'adulte.

Souvent, les gens confondent obéissance et soumission. La peur du bâton va générer la soumission, mais la frustration qui va en découler se révèlera source de violence un jour ou l'autre. Un collège est censé former de futurs citoyens, et je suis fier d'être né dans une démocratie où je ne suis pas obligé d'être soumis. La désobéissance s'avère même une vertu si elle s'exerce pour préserver les principes de notre civilisation.

Nous gagnons à chaque fois que nous avons convaincu un élève de la nécessité d'obéir. Nous perdons à chaque fois que nous l'obligeons à se soumettre. Cela s'avère malgré tout parfois nécessaire, et il faut alors reprendre plus tard, à froid, avec l'élève, le déroulé des évènements, afin de tempérer sa frustration.

Les élèves acceptent les sanctions à partir du moment où celles-ci sont justifiées et proportionnées. Il vaut mieux éviter de sanctionner lorsqu'il y a un doute sur l'identité de l'auteur : la crédibilité de la politique de sanction et donc l'autorité du collège en dépendent. Si l'on y passe suffisamment de temps, à force d'entretiens, la vérité finit toujours par être débusquée. L'une des forces principales de ce collège est la concentration exceptionnelle, parmi les adultes, de « têtes de pioche » qui ne lâcheront rien tant que les auteurs ne seront pas confondus.

Les enseignants de ce collège sont convaincus du bien-fondé de ces procédures. Ils veulent être informés et consultés lors des incidents graves. J'ai observé que le collège était beaucoup plus conciliant avec les élèves qui étaient scolarisés depuis longtemps, même si les faits reprochés sont graves. La communauté fonctionne alors comme une famille (j'y reviendrai dans un prochain chapitre).

Les élèves qui quittent le collège via le conseil de discipline ont tous en commun qu'ils ont refusé d'assumer les faits qui leur sont reprochés et qu'ils ont refusé d'entreprendre des démarches auprès des victimes. C'est rarement la gravité des faits qui décide du maintien ou non dans l'établissement.

Les quartiers sensibles sont souvent décrits comme des zones de non-droit où les lois en vigueur ne seraient pas celles de la République. Je ne suis pas en position pour valider ou invalider cette thèse. En revanche, les gamins des quartiers sont scolarisés dans des établissements scolaires qui devraient être exemplaires de ce point de vue, et ce n'est malheureusement parfois pas le cas.

Une erreur est commise par une grande partie des observateurs, celle de considérer que tant que les élèves n'assument pas l'intégralité de leurs devoirs, il ne leur est reconnu aucun droit.

En fait il faut raisonner à l'inverse : donnons aux élèves un exemple de fonctionnement respectueux de leurs droits et ils n'auront alors plus aucun motif pour déroger à leurs devoirs. Les élèves pris en exemple en début d'ouvrage ont tous refusé plus ou moins fort les règles de l'école. Cependant, dans la gestion de leur conflit avec l'institution, le collège a toujours respecté leurs droits fondamentaux et ces élèves ont souvent exprimé de la gratitude envers les adultes qui les ont entendus. Ces élèves sont désormais ceux qui sont le plus convaincus de la nécessité du cadre et ils adoptent une attitude exemplaire.

Respecter les droits des élèves dans un collège se concrétise ainsi :
- avoir des sanitaires propres avec du papier et du savon ;
- avoir une organisation (emploi du temps) qui donne la priorité aux élèves ;
- leur parler avec respect ;
- les laisser s'exprimer lorsqu'ils sont mis en cause (respect du contradictoire) ;
- avoir une politique de sanction juste ;
- ne jamais confondre le disciplinaire et le pédagogique ;
- ne jamais parler de façon méprisante aux parents ;
- respecter les circulaires et les programmes prévus par le ministère.

Ce sont principalement ces points qui ont créé un climat serein dans l'établissement.

Pour être vigilant quant au respect des droits, je me suis appuyé sur les travaux d'Éric Debarbieux. Ce spécialiste de la violence scolaire a démontré la nécessité du respect des droits des élèves si l'on veut faire baisser le niveau de violence dans un établissement. Comme je l'ai écrit précédemment, l'injustice crée de la frustration qui, à moment ou à un autre, se manifestera par des phénomènes de violence. Si nous arrivons à convaincre les élèves de la non-pertinence des réponses violentes, c'est ainsi que nous créerons une société sûre et non dangereuse. Les discours de haine de certains, qui ne connaissent rien à la réalité des quartiers et de l'éducation prioritaire, sont infiniment plus dangereux que les quartiers eux-mêmes.

LE CONSEIL DE DISCIPLINE

Le comportement de certains élèves est tel que parfois ils mettent en péril l'équilibre d'une classe, voire de l'établissement. Ces élèves sont peu nombreux, mais ont une capacité de nuisance très importante. Dans ce cas, quand le dialogue ne débouche sur aucune évolution positive, le constat d'échec entraine une exclusion définitive de l'élève. De mon point de vue, deux situations peuvent justifier l'exclusion définitive d'un élève :
- il est nécessaire que l'élève soit coupé de ses relations habituelles pour envisager une évolution de son comportement ;
- l'élève représente un danger pour les autres et les adultes n'ont que peu de prise sur lui.

Une exclusion définitive est toujours un constat d'échec, souvent teinté de tristesse. En effet, l'école a pour mission d'intégrer, de former, d'élever et ne peut exclure qui que ce soit. La réunion d'un conseil de discipline est soit la fin d'une longue période d'échange avec le jeune et la famille, soit une réaction à un évènement d'une extrême gravité. Il doit aussi rester une instance souveraine où l'élève et sa famille peuvent encore s'amender et redémarrer une histoire à l'intérieur de l'établissement. Ce rôle éducatif du conseil de discipline est admis et mis en pratique au sein du Petit collège gaulois.

En effet, le conseil de discipline n'est pas un centre de tri qui est censé envoyer ailleurs quelques wagons qui ralentiraient le train. C'est une instance, ainsi qu'un « moment » où la vérité apparaît souvent. Plus l'élève est sincère, plus il fait preuve de remords, moins il a de chances d'être exclu. Il s'avère que les « bons » élèves sont plus exclus que les

« mauvais ». Quand un élève est traduit devant le conseil de discipline, son niveau scolaire est toujours observé, et force est de constater qu'au Petit collège gaulois les élèves ayant un bon niveau sont davantage exclus que les autres. Cette apparente injustice n'est en fait que la conséquence d'un fonctionnement optimal de ce conseil. Les « bons » élèves sont souvent persuadés que leur niveau va amener l'assemblée à faire preuve de mansuétude et, de fait, vont moins loin dans l'introspection nécessaire à une prise de conscience. Les élèves en grande difficulté sont parfaitement conscients de la chance qu'ils ont de bénéficier au quotidien de la bienveillance des adultes et ils craignent énormément de devoir quitter l'établissement. Cet attachement au collège favorise leur prise de conscience et les amène souvent à modifier ensuite leur comportement.

Les élèves exclus pour lesquels il était nécessaire de changer l'environnement profitent la plupart du temps du changement d'établissement pour s'amender. Quelques principaux, pour limiter le nombre de conseils de discipline, arrivent à persuader les familles de demander un changement d'établissement. Cette pratique est contreproductive. Au regard de l'expérience du Petit collège gaulois, les élèves qui nous arrivent dans ce cas de figure nous posent souvent problème. En effet, la procédure n'étant pas respectée, il reste dans la tête des élèves un doute sur les raisons exactes de leur départ. Le conseil de discipline n'ayant pas été convoqué, la phase éducative n'a pas eu lieu, et lorsque nous accueillons l'élève, il n'a pas pleinement conscience de la gravité de ses manquements.

Pour illustrer mon propos, je vais vous narrer le parcours de Julia, puis de Nourredine.

Je suis contacté par une collègue d'un autre établissement qui souhaite trouver une solution pour une élève de quatrième qui, bien qu'ayant visiblement beaucoup de capacités, ne cesse de perturber les cours. J'explique à la collègue que je suis d'accord, mais à condition qu'elle convoque le conseil de discipline. La demoiselle est exclue définitivement et est donc affectée au Petit collège gaulois. Avant son entrée en classe, je la reçois, ainsi que ses parents. Elle semble avoir conscience de ses erreurs et souhaite s'amender. On peut encore à l'époque douter de sa sincérité. Sa fin de quatrième sera honnête, mais sans plus. En troisième, je reçois la famille pour un motif futile et sa mère m'indique que sa fille a trouvé un stage, mais dans la restauration rapide, et que cela l'embête car elle veut faire des études d'économie. Je propose alors à Julia de faire son stage à la Banque de France (le rectorat permet, grâce à des partenariats exceptionnels, d'aider les élèves dans ce type de situation). Elle en revient enchantée et très motivée. Son deuxième trimestre de troisième est excellent. Je reprends contact avec sa maman qui remercie le collège et me dit qu'elle ne reconnaît pas sa fille qui lui demande d'acheter Voltaire et Rousseau !

Nourredine arrive au collège en début de troisième suite à demande de dérogation. Les parents ont ainsi anticipé un éventuel conseil de discipline et ont voulu protéger leur enfant. En fait, cette décision va avoir un effet inverse sur Nourredine. Il ne comprend pas pourquoi il a été obligé de se séparer de ses amis et nourrit une rancœur importante vis-à-vis de ses parents et des enseignants de son ancien collège. Il ne reprendra jamais pied scolairement et sera affecté dans une filière pro alors qu'il souhaitait auparavant devenir kinésithérapeute. À vouloir éviter une sanction lourde à un élève, on l'empêche de faire lui-même le cheminement nécessaire à une prise de conscience. Le conseil de discipline est parfois une bonne chose dans un parcours.

Il existe malgré tout, dans l'organisation des conseils de discipline, un défaut majeur qui ne peut-être corrigé en l'état actuel des textes régissant les établissements scolaires : le conseil de discipline est présidé par le chef d'établissement. Dans les procédures disciplinaires, le chef d'établissement joue le rôle, successivement : du juge d'instruction, du procureur et du juge du siège, et tout cela alors qu'il dirige déjà l'exécutif local. Il doit, dans cette configuration, prendre des décisions qui sont forcément mauvaises de son point de vue, car elles vont le mettre en difficulté, soit avec les enseignants, soit avec les parents, au risque de fragiliser un équilibre et une confiance nécessaires à la bonne marche de l'établissement.

Je pense que les conseils de discipline gagneraient à ne pas être tenus dans l'établissement de scolarisation, mais dans un lieu neutre (mairie, tribunal d'instance, direction d'académie, mission locale etc.), et que les membres y siégeant ne devraient pas être des personnels qui ont au quotidien la charge des élèves incriminés. Il en est ainsi des décisions d'orientation : l'existence de commissions d'appel neutres permet d'éviter de mauvaises orientations et induit une autocensure dans les établissements vis-à-vis des orientations sanctions. Lorsque pour un élève le cas est litigieux, le fait de rappeler qu'en appel il serait vraisemblablement autorisé à ne pas doubler suffit souvent à infléchir la décision du conseil.

Si l'exclusion définitive ne pouvait être prise par la communauté d'un collège, un grand nombre de déscolarisations seraient évitées. Il faut que cette possibilité existe, mais il faut en limiter le recours pour un nombre de situations clairement identifiées.

LES RAVAGES DU FOOT

Lorsque je suis arrivé au Petit collège gaulois en septembre 2007, j'ai effectué une petite enquête : à quoi se destinaient les élèves de sixième nouveaux arrivants ? Le résultat n'était pas celui attendu : la plupart se rêvaient médecins, ingénieurs, vétérinaires, pompiers, journalistes. Très peu se voyaient footballeurs professionnels. En revanche, le même sondage en fin de cinquième donnait des résultats forts différents. Que s'était-il passé ? Rachid Ahrab, membre éminent du Conseil supérieur de l'audiovisuel (CSA), donnait un jour une interview à la radio et son discours m'avait marqué. Les journalistes l'avaient sollicité au sujet de la présence des minorités visibles à la télévision (c'était l'époque où Harry Roselmack était pressenti pour le 20 heures de TF1). M. Arhab était visiblement irrité d'être toujours sollicité pour les mêmes raisons et il expliqua alors avec clarté une évidence que pourtant peu de gens remarquent : l'important n'est pas l'origine ethnique du présentateur, mais la visibilité des minorités dans des professions traditionnelles. Lorsqu'on vous dit que le journal d'untel a permis à 20 % de gens des minorités d'être représentés, on oublie de vous dire que dans la quasi-totalité des cas ces gens sont soit des sportifs, soit des artistes, soit des « jeunes des cités » rarement présentés à leur avantage. Cet état de fait, dénoncé par M. Arhab, a des répercussions dans le Petit collège gaulois (et dans tous les collèges de l'éducation prioritaire) : joueur de foot reste le métier le plus accessible dans l'imaginaire de nombre de gamins.

Régulièrement je pose la question à des élèves : est-il plus simple de devenir avocat ou joueur de foot ? Immanquablement ils me répondent joueur de foot, puis je leur demande combien y a-t-il de joueurs pros (1000) et combien d'avocats (50 000) et leur repose la question. Soudain le doute s'installe, mais je dois lutter contre la famille (le père, souvent), l'entraineur, voire les agents qui leur promettent monts et merveilles.

Au fur et à mesure des entretiens, j'ai compris à quel point ce sport gangrénait l'esprit de nombre d'élèves. Le club local dispose de plusieurs équipes par tranche d'âge et l'équipe 1 participe tous les ans à un tournoi international où sont invités les jeunes de Barcelone, Munich, etc. Les jeunes sont prêts à tous les sacrifices pour jouer en équipe 1, et c'est alors que le piège se referme. Les joueurs de l'équipe 1 se voient tous millionnaires jouant au stade de France et désinvestissent donc souvent le champ scolaire (parfois certains mutent dans des clubs lointains de la région et s'épuisent dans les transports). Les joueurs de l'équipe 2 sont moqués (y compris dans le collège) par les joueurs de l'équipe 1 et dépriment. J'ai croisé au Petit collège gaulois une cinquantaine de jeunes m'ayant affirmé qu'un adulte leur avait promis un avenir dans ce milieu. Aucun n'a signé de contrat, à ma connaissance.

Autre ravage causé par le foot : la jurisprudence « Zidane ». Rappel des faits : finale de la coupe du monde 2006, la France mène 1 à 0, le meilleur joueur de l'équipe disjoncte et met un coup de boule à son adversaire. Il est exclu, l'Italie égalise par un coup de tête de la victime du coup de boule, puis gagne aux tirs au but. Mais que s'est-il passé ? Pourquoi l'icône a-t-elle perdu son sang-froid ? Réponse de l'intéressé à chaud : « Il a traité ma sœur. » La polémique bat son plein : « A-t-il bien fait ? », « Doit-il s'excuser ? », « Est-ce la cause de la défaite ? » Personne n'ose lui dire publiquement qu'on ne répond pas à l'insulte par la violence, mais par le mépris. Zidane n'aurait pu mieux faire pour conforter certains extrémistes xénophobes dans leur vision de la banlieue et certaines « brutes » de banlieue dans leur façon de gérer les conflits.

Vu l'ampleur de la polémique, il semble que l'entourage de Zidane lui suggère un mea culpa afin que son image ne soit pas écornée, et c'est alors que la catastrophe se produit : le dieu du foot explique qu'il est désolé pour les enfants d'avoir été violent et qu'il s'en excuse (jusque-là tout va bien), mais qu'il ne regrette pas d'avoir mis un coup de boule à celui qui a traité sa sœur !

Et depuis ce temps-là, j'ai donc dans mon bureau, invariablement, tous les mois, la même scène : « Mais pourquoi l'avez-vous frappé ? » : « Il a traité ma mère, m'sieur ! »

Le sport devrait véhiculer des valeurs fortes de solidarité, d'effort, de respect des règles et de l'arbitre, de respect des autres et des différences. Afin de contrer cette influence néfaste du foot sur les esprits de nos élèves, le collège a tenté deux approches.

Dans le cadre de l'accompagnement éducatif, le volet sportif doit avoir une place importante. Notre première approche a consisté à choisir de ne pas répondre aux sollicitations des sports « populaires » (foot, basket…), mais de permettre aux élèves de découvrir des disciplines qui leur sont inconnues, ardues, mais dans lesquelles le respect des règles est incontournable et où le poids des traditions est important : le golf, les échecs, le judo et l'escrime. Il est à noter que la pratique des échecs est très valorisante pour les élèves en difficulté, car dans cette discipline aucun élève n'a de lacune, et la non-maîtrise du français n'est pas un handicap. Le golf et l'escrime sont des disciplines anciennes et pratiquées par les élites, il était important, dans la construction de leur image, que les élèves se rendent compte qu'elles leur étaient accessibles. Deux de nos élèves ont obtenu une bourse de la Ligue de Golf Paris pour intégrer l'école de golf de Maisons-Laffitte !

Notre deuxième approche a consisté à faire participer une classe de cinquième du collège au concours du journal *L'équipe*, qui consiste à réaliser un journal de quatre pages. La classe, encadrée par deux professeurs, décide d'aborder le thème du racisme et de la discrimination dans le sport. Une des enseignantes, par le biais de connaissances, arrive à faire inviter quatre de ses élèves (dont notre Kevin du premier chapitre) à l'université américaine de Paris (UAP) où Lilian Thuram tient une conférence sur ce thème. M. Thuram accepte d'être interviewé par nos élèves et leur promet de leur rendre visite dans leur collège. Quelques mois plus tard, la vedette mondiale tient parole et se déplace pour rencontrer la classe (qui n'avait pas gagné le concours, mais « de façon tout à fait injuste », inutile de le préciser !). Lilian Thuram passe trois heures au collège, ne parlant aux élèves que d'études, d'efforts, de volonté et de respect, autour de son livre. Il en est ressorti nombre de panneaux confectionnés par les élèves et qui tapissent les murs du collège : « Messages de Thuram à la jeunesse ». M. Thuram, non seulement a tenu parole, ce qui a eu un impact évident sur les élèves, mais de plus, il n'a pas demandé un euro et a exigé que la presse soit tenue à l'écart de sa démarche. Comme quoi tout n'est pas perdu au royaume du football.

AVOIR UN DISCOURS TOUJOURS POSITIF

Comme je l'ai développé dans les chapitres précédents, les adultes, dans leur pratique quotidienne, doivent très régulièrement reprendre les élèves : leur indiquer la marche à suivre, la bonne méthode, corriger les comportements inadaptés. Les élèves en difficulté reçoivent encore plus de messages que les autres élèves. Si l'institution ne produit que des stimuli négatifs, rapidement cette population d'élèves va se séparer d'elle-même de l'institution. Je vais relater une expérience que j'avais menée lorsque j'enseignais encore, au siècle dernier. J'étais alors professeur de mathématiques dans un lycée sensible de Seine-Saint-Denis et y officiais tous les ans en terminale ES, où les résultats étaient médiocres (dépasser les 70 % à l'époque dans ce lycée relevait de l'exploit). Lorsque vous vouliez travailler avec certains collègues avec qui vous aviez des affinités, il était de bon ton d'avoir un projet pour une classe. Le proviseur, un homme exceptionnel avec des qualités humaines rares, m'avait sur ce coup laissé carte blanche. Je constituai alors une équipe, le projet était d'une grande simplicité : ne rien changer à nos pratiques habituelles. La seule obligation étant de ne jamais envisager l'échec d'un seul élève et de passer notre temps à leur répéter qu'ils allaient réussir leur bac. Pour corser l'affaire, j'avais demandé la classe de spécialité anglais renforcé (la spécialité qui échouait le plus habituellement dans ce lycée). Je me souviens encore, vingt ans après, du nom des collègues qui m'avaient suivi dans cette tentative saugrenue. Nous avions tenu bon : même si nous étions convaincus du contraire, même si nous rendions de mauvaises notes, nous disions aux élèves qu'il fallait qu'ils s'accrochent et qu'ils auraient leur bac. Le pessimisme était interdit. Le résultat fut au-delà de nos espérances : seulement trois échecs et près de 88 % de réussite.

En juillet, après les résultats, une élève était revenue me voir et m'avait avoué : « Franchement, en début d'année, on a pensé que les profs étaient fous, mais vous aviez raison. » Le discours positif, le refus d'envisager l'échec avaient fait basculer la classe du côté de la réussite. Ces élèves, bien entendu, avaient travaillé avec constance et bien davantage que les années précédentes. Le discours encourageant les avait aidés à ne pas baisser les bras.

De cette expérience, j'ai toujours gardé la conviction qu'il était inutile de dire aux élèves si nous doutions de leur réussite. J'ai donc toujours gardé cette façon de présenter les choses aux élèves : « Vous allez réussir, ça ne dépend que de vous », tout en leur explicitant ce qui, dans leur attitude, les éloignait de la réussite. Dans le Petit collège gaulois, j'ai retrouvé cet élan positif : les enseignants n'étaient pas résignés, ils étaient déçus que certains élèves échouent, mais ils n'ont jamais trouvé cela normal.

Une tentative de la même veine a pourtant avorté. Ce projet s'appelait « Challenge olympique des quatrièmes ». Le principe était très simple :
- chaque cours était noté de 0 à 50 (0 pour « cours non productif » à 50 pour « cours très satisfaisant »), en prenant en compte le sérieux et l'attitude des élèves ;
- des bonus de 10 à 30 étaient attribués pour des performances individuelles ;
- impossibilité de mettre des points négatifs pour comportement inadapté, sauf en cas d'incident grave impliquant la classe dans son ensemble (seuls

la CPE et le principal étaient habilités à retirer des points) ;
- un cumul des points était effectué toutes les deux semaines et la classe gagnante obtenait une récompense : heure de jeux en salle info, séance de cinéma au CDI, etc. ;
- une sortie d'une journée pour la classe gagnante du trimestre ;
- la classe gagnante sur l'année voyait ses élèves partir en Grèce ;
- affichage des scores toutes les semaines dans le hall du collège.

Les effets n'ont pas forcément été ceux attendus, des biais sont apparus et le projet a été abandonné la deuxième année, mais le bilan est très instructif.

Commençons par les aspects négatifs :
- l'attribution des points s'avérait très injuste :
- certains professeurs plus exigeants mettaient moins de points,
- l'absence d'un enseignant sur la semaine empêchait la classe de scorer,
- les élèves perturbateurs en progression rapportaient beaucoup plus de points que les élèves toujours sérieux,
- une classe décrochée au classement n'était plus motivée, voire était dévalorisée publiquement ;
- certains élèves très pénibles pénalisaient outrageusement leur classe ;
- la gestion était extrêmement lourde.

Les aspects positifs existaient pourtant (essentiellement dans la classe qui a gagné) :
- les bons élèves rapportant des points étaient moins moqués qu'auparavant ;

- la logique de groupe a permis à certains élèves potentiellement perturbateurs de se contenir ;
- j'avais un outil très fiable de mesure du climat dans les classes (le tableau de report des points étant en salle des professeurs, je voyais facilement quand la tension montait dans l'établissement) ;
- les professeurs exprimaient plus clairement leur ressenti lorsqu'ils étaient satisfaits du comportement des élèves.

J'ai longuement réfléchi aux raisons de cet échec et en ai tiré la conclusion suivante : c'est la mise en compétition des classes qui était une erreur. Nous étions dans une logique élitiste, alors que nous voulions régler un problème global (l'agitation récurrente des classes de quatrième). Il est possible que nous relancions cette action sous une autre forme. En effet, c'est en sixième qu'il est le plus pertinent d'agir, mais il est important de parler plutôt d'objectifs à atteindre que de compétition à gagner. Le nouveau challenge devrait gommer les imperfections du premier et se présenter ainsi :
- même principe de calcul de points, mais uniquement sur le comportement citoyen :
- cours notés sur le calme et la participation positive,
- comportements civiques et solidaires primés,
- moqueries et perturbations sanctionnées ;
- chaque classe est récompensée lorsqu'elle atteint un certain niveau de performance civique.

Cette logique de récompense et de valorisation des bonnes pratiques doit permettre d'apaiser les ambiances de classe. On ne peut éduquer uniquement par la sanction, au risque de se couper de toute une partie de la population scolaire.

La mise en place des dispositifs détaillés dans les chapitres précédents a permis de changer les repères des élèves, de les mettre au contact des enseignants dans des dynamiques de réussite avec des objectifs à leur portée. Plus l'élève va remporter de victoires, plus il va s'éloigner de la spirale de l'échec et plus il va performer. Les mêmes élèves dans des structures différentes avec des discours différents proposent un visage qu'ils n'avaient jamais présenté auparavant.

Si l'école passe son temps à dire à un élève qu'il est nul, si elle ne valorise pas ses qualités, si elle lui envoie le message que seul l'échec est au bout du chemin, alors il y a toutes les chances qu'il échoue effectivement.

Tout ce que nous faisons ou disons dans le cadre de nos relations avec les élèves va avoir une influence sur leur attitude scolaire. Il faut donc résolument choisir de s'adresser aux élèves en leur manifestant notre foi en leur réussite.

DE L'INTÉRÊT DE NE PAS ÊTRE ZEP

Le Petit collège gaulois a été construit en 2002, et de ce fait il ne bénéficie d'aucun classement : ZEP, APV (éducation prioritaire, prévention violence, etc.). Cependant, les écoles élémentaires de son secteur de recrutement sont toutes ZEP, le collège fait donc partie d'un RRS (Réseau de réussite scolaire) et, compte tenu de la composition sociologique de ses élèves, se voit octroyer un certain nombre de moyens supplémentaires (heures d'enseignement, assistant pédagogique, dotation accompagnement éducatif). Le collège a des moyens supplémentaires, mais pas de classement, et c'est là un de ses atouts majeurs.

Rappelons déjà ce qu'est un classement : certains établissements « difficiles » ont obtenu des « labels » (ZEP, APV, RAR, ECLAIR…) qui leur allouent des moyens supplémentaires et qui permettent aux enseignants de ces établissements d'avoir des bonifications.

Ces bonifications sont de deux types :
- salariale avec des bonifications indiciaires et des primes supplémentaires ;
- en points utilisables pour les mutations.

Je vais rapidement rappeler comment fonctionne le système de mutation des enseignants afin de clarifier les dégâts collatéraux induits par les règles de la transhumance des enseignants.

Chaque enseignant se voit attribuer des points en fonction de son ancienneté dans le métier et dans le poste qu'il occupe. Pour faire court, plus vous restez dans un poste, plus vous avez de points, et plus vous êtes ancien dans la fonction de professeur, plus vous avez de points. Lorsqu'un enseignant veut changer de poste, il y a deux cas : soit il veut changer de région, soit il veut changer d'établissement dans la même région.

Le concours de recrutement étant national et les postes étant plus nombreux dans les grandes métropoles, nombre de jeunes professeurs se voient affectés, lors de leur premier poste, dans une académie éloignée de leur région. Ces jeunes enseignants mettent un temps considérable à accumuler des points pour retourner dans leur académie d'origine (parfois plus de quinze ans).

La bonification liée à un poste ayant un « label » permet de considérablement réduire le temps d'attente (de quinze ans à trois ou cinq ans). La tentation est donc grande, pour certains jeunes enseignants, de demander ces postes pour accélérer leur retour vers leur région d'origine. De plus, nombre de collègues sont affectés en début de carrière dans ces postes difficiles de façon automatique (et souvent provisoire), car ces postes ne sont que très peu demandés par les professeurs plus expérimentés.

Du fait de cette « gestion » étonnante des ressources humaines, certains établissements sont confrontés à certaines difficultés particulières :
- des renouvellements par tiers tous les trois ans, car dès que les enseignants ont acquis un nombre suffisant de points, ils l'utilisent ;
- beaucoup de professeurs provinciaux et débutants cumulant la découverte du métier, la découverte des élèves des quartiers et le déracinement. Un certain nombre d'entre eux mettent beaucoup de temps à surmonter ce « traumatisme » ;
- un engagement relatif de certains collègues : « On est là pour cinq ans au plus, on s'investira plus tard quand on aura un vrai poste » ;

- une quasi-absence de professeurs plus anciens ayant l'historique de l'établissement et à même de rassurer et d'accompagner les jeunes dans leurs débuts.

Le Petit collège gaulois a une caractéristique très particulière pour un établissement aussi difficile : la stabilité de son équipe enseignante. Le collège possède dans son équipe vingt-deux professeurs titulaires, et parmi eux seuls deux ou trois s'en vont chaque année. Les départs sont toujours pour les mêmes motifs : un départ dans une autre académie, des raisons familiales ou une promotion, très rarement pour une mutation vers un collège des environs plus favorisé.

Lorsqu'un enseignant obtient un poste de titulaire dans ce collège, il sait qu'il va y enseigner pendant de longues années. Ses collègues sont là depuis longtemps, le vivent bien et ne passent pas leur semaine à s'imaginer ailleurs. La première année est souvent difficile, car le quotidien dans les classes est compliqué. Les élèves demandent beaucoup d'énergie et « testent » les nouveaux arrivants. L'ambiance entre collègues étant bonne, cela permet de « relativiser » dans les périodes de doute. Personne, dans ce collège, ne laisse à penser qu'il est aisé d'obtenir une ambiance de travail apaisée. Dans les moments de fatigue, la solidarité n'est pas un vain mot et personne ne laisse un collègue seul dans la souffrance.

La politique d'accueil des nouveaux professeurs est rodée depuis des années : une amicale organise régulièrement des temps de détente, les classes laissées aux nouveaux ne sont pas les plus difficiles à gérer, les emplois du temps des nouveaux ne sont pas plus mauvais que ceux des anciens. Il n'y a pas de « privilège » : au Petit collège gaulois, on a tout de suite le même statut que tous les autres collègues.

Les professeurs restant longtemps en poste, ils connaissent très bien les élèves et voient l'évolution de ces derniers. Les progrès sont facilement perceptibles et l'enseignant ne peut ignorer à quel point son travail a eu une importance cruciale dans l'évolution de tous ces jeunes.

Du fait de l'absence de classement, aucun enseignant n'arrive en se disant qu'il va attendre un retour rapide en province et se dispenser de s'investir dans les projets. C'est cette implication massive dans les projets et les réflexions communes qui vont s'avérer décisives dans la performance de l'établissement.

DES EXPERTS PÉDAGOGIQUES : UNE ÉQUIPE EXCEPTIONNELLE

GÉRER DES ÉLÈVES DIFFICILES EST À LA PORTÉE DE QUI LE VEUT VRAIMENT

Un des atouts de ce collège est l'extrême qualité des équipes enseignantes. En plus d'être très compétents et de faire preuve d'une conscience professionnelle exemplaire, les enseignants de ce collège sont ouverts à la discussion et ne sont prisonniers d'aucun dogme. Il est des endroits où les positionnements idéologiques et politiques sont figés, où certains leaders de salle des professeurs empêchent les discussions constructives. Au Petit collège gaulois, les partisans des « Tais-toi et marche » et des « File-moi des sous » existent, mais les positions sont moins tranchées : Les TTM font preuve d'une longue patience avec les élèves en grande difficulté, et les FMS sont capables de compromis, s'adaptant à une conjoncture peu généreuse en moyens. Personne ne se réfugie derrière le manque de moyens ou la carence éducative de certaines familles pour éviter le questionnement ou la surcharge de travail inhérents à ce type d'établissement.

Ces « experts » pédagogiques ont fait du collège non seulement un modèle, mais un excellent endroit pour « apprendre » le métier. Nous avons accueilli nombre d'enseignants débutants qui presque tous ont émis le souhait de rester. Ils n'ont que rarement pu rester du fait du faible turn-over.

Afin de ne froisser personne, je ne vais pas décrire les personnages qui composent cette équipe, je vais me contenter d'énumérer les traits qui sont communs à tous :

- une foi inébranlable en notre capacité à influer sur le parcours des élèves ;
- une réflexion poussée, une grande capacité à écouter les autres et à adapter ses pratiques au bénéfice d'un projet ;
- une capacité à reconnaître ses torts ;
- une grande disponibilité sur la semaine afin de pouvoir échanger avec les collègues ;
- un profond plaisir à travailler avec des collégiens et avec ces élèves difficiles ;
- une absence de résignation quotidienne permettant de convaincre les élèves les plus réfractaires.

Je vais en revanche vous conter le parcours dans ce collège de plusieurs enseignants. Ces parcours sont révélateurs du fait qu'au-delà de la formation initiale, les conditions d'exercice sont déterminantes dans la façon de vivre ce métier.

Soizic est nommée à l'année sur un poste en SVT dans notre collège. Elle est d'origine bretonne et jusqu'à présent n'a enseigné que dans des zones très privilégiées. Elle est extrêmement consciencieuse et trouve rapidement la bonne distance avec les élèves. Les deux autres enseignantes de SVT sont expérimentées et l'accompagnent dans son intégration. Elle m'avoue n'avoir jamais eu de meilleurs élèves que ceux que nous lui avions confiés en troisième, et se sentir très bien au collège. Elle souhaite y rester, car nous avons toujours un volant d'heures à proposer. Les services du rectorat nous la réaffectent l'année suivante, mais elle doit compléter son service dans un autre collège parmi les plus difficiles du département. Son année chez nous lui a donné confiance et elle est satisfaite de pouvoir reprendre, tout en appréhendant ses heures dans l'autre collège. Durant cette deuxième année, elle sera toujours aussi excellente chez nous et s'en tirera avec brio dans l'autre collège. À la fin de cette deuxième année, nous n'avons toujours pas de poste définitif à lui proposer, mais elle obtient un poste définitif dans un des collèges les plus réputés du département. Elle quitte à regret notre collège pour un autre établissement dans lequel tous les enseignants rêveraient d'exercer. D'autres auraient sauté de joie, on lit la tristesse qui l'emplit à l'idée de quitter ses élèves des quartiers.

Maud est nommée en lettres classiques au collège. Depuis quatre années, pour des raisons diverses, le poste n'est pas pourvu et les latinistes changent de repères à chaque rentrée. La mission qui lui est confiée est de stabiliser les effectifs en latin. Maud est timide, c'est visiblement une ancienne excellente élève qui n'a pas l'habitude de ferrailler avec des élèves difficiles. Elle est cependant ravie d'avoir ce poste où elle va pouvoir promouvoir le latin comme elle l'entend (nombre de professeurs de lettres classiques n'enseignent pas du tout le latin ni le grec). Elle est donc prête à se battre pour faire sa place. Sa première année sera compliquée, faite de doutes et de coups de fatigue. Mais ses collègues vont la soutenir et l'accompagner. Petit à petit elle apprend le métier et s'impose face aux plus récalcitrants. C'est désormais Maud qui est motrice dans de nouveaux projets et qui prend en charge en classe les élèves les plus difficiles, pour leur plus grand bonheur. Petit détail, les effectifs de latin ont triplé en trois ans...

Matthieu obtient un poste en technologie en remplacement d'un collègue qui a obtenu son affectation en province. L'enseignant partant était un élément fort du collège, il était discret, mais très impliqué et respecté de tous. Il était respecté de ses classes et avait un impact fort auprès des élèves. La succession s'annonce difficile, d'autant plus que Matthieu vient d'un collège difficile où lors de sa première année il a beaucoup souffert. Je n'ignore rien de son passé et, lors de l'entretien que j'ai avec lui avant la rentrée, il me fait part de ses doutes et de ses difficultés. Nous sommes tous inquiets et surveillons ses débuts afin de l'aider si cela s'avère nécessaire. Il est réservé, effacé, mais très sérieux et sûr de son choix professionnel. Il attend juste d'avoir les conditions nécessaires pour s'exprimer. Quinze jours après la rentrée, je croise un groupe de quatre jeunes filles qui semblent s'être égarées. Elles ont cours chez Matthieu et je me dis que c'est une bonne occasion de m'assurer que tout va bien. Je les accompagne chez leur professeur, aucun bruit perceptible de l'extérieur. Je frappe, Matthieu m'invite à entrer, ce que je fais. Je lui explique que je lui ramène quatre demoiselles qui s'étaient perdues. C'est alors qu'il s'adresse fermement à elles pour leur faire une remontrance (ce que j'avais oublié de faire, trop préoccupé de savoir si tout allait bien chez Matthieu). Je m'en vais tout penaud, puis à la récréation retourne voir Matthieu pour m'excuser de l'avoir dérangé. En embrayant sur le climat instauré par son prédécesseur et avec l'appui de ses collègues, Matthieu a repris gout au métier et est désormais dans tous les projets avec les élèves les plus difficiles, qu'il gère on ne plus aisément.

On peut penser que Maud et Mathieu ont signé pour un long bail au collège...

TRAVAIL, FAMILLE, FRATRIE

Comme je l'ai déjà développé par ailleurs, l'objectif prioritaire reste que les élèves soient dans les meilleures conditions, afin qu'ils puissent fournir les efforts nécessaires pour progresser (dans tous les domaines). Certains collégiens sont en difficulté et il faut alors que les adultes interviennent. Il est indispensable dans ce cas d'obtenir l'adhésion de la famille, afin que la cohérence des discours oblige les jeunes à modifier leur comportement vis-à-vis des autres et vis-à-vis du travail.

Cette adhésion est parfois difficile à obtenir pour plusieurs raisons :
- les parents ont eu un parcours scolaire qui les a meurtris ;
- un des ainés de la fratrie a vécu un épisode douloureux avec l'institution ;
- la situation familiale est tellement difficile que l'école n'est plus une priorité.

Dans le troisième cas (mais c'est exceptionnel), nous sommes démunis. En revanche, dans les deux autres situations, il est possible de créer les conditions qui favorisent le dialogue et une écoute réciproque. C'est ce qui se passe au Petit collège gaulois et c'est l'un des facteurs principaux des nombreuses réussites individuelles.

Le climat de confiance est long à installer. Dans ce collège, la stabilité des personnels fait que les familles connaissent les adultes. Il y a peu de nouveaux chaque année. Mais la stabilité ne suffit pas, les actes et les mesures d'accompagnement sont décisifs. Lorsqu'un problème important survient, la famille est reçue longuement. Au-delà des mesures qui sont envisagées, la famille peut s'exprimer et éventuellement verbaliser ses griefs sans craindre de représailles envers leurs enfants. Durant ces entretiens, il est systématiquement expliqué aux parents que ce ne sont pas eux qui sont en cause, mais le comportement de leur enfant. Les parents ne sont jamais dépossédés de leur autorité devant leur fils ou leur fille. Il est assez fréquent que les jeunes aient un comportement très différent chez eux et au collège. Certains sont infernaux à la maison, mais sont exemplaires au collège (ceux-là nous donnent peu de travail). D'autres sont sages et obéissants chez eux, mais beaucoup moins à l'école, et il est souvent difficile de faire admettre ce fait aux parents. Lorsque nous n'accusons pas les parents et que, de ce fait, la discussion est apaisée, alors nous sommes en général entendus. De même, nous sommes attachés, lorsque nous évoquons avec un parent la situation d'un élève, à ne jamais parler d'un autre membre de la fratrie (en bien ou en mal), afin de rester concentrés sur la problématique de l'élève, et que rien ne puisse polluer l'échange et la recherche de solution.

Il est important également d'avoir des échanges avec les familles en dehors des périodes de tension, lorsque nous n'avons rien à reprocher aux élèves. Dans ce cadre, nous avons mis sur pied trois actions : « La mallette des parents », les fiches de suivi et la classe SAS (déjà détaillée dans un chapitre précédent).

« La mallette des parents » est une action impulsée par le ministère et qui vise à proposer aux parents des conférences et des débats, afin de leur expliquer comment fonctionne le collège ou comment réagir face à certains problèmes. Ces matinées d'échange (les dates et heures sont décidées en fonction des disponibilités des familles) permettent de dédramatiser certaines situations, de rassurer les familles et de créer des habitudes d'échanges. Ces échanges permettent, quand nous sollicitons les parents (le plus tôt possible en cas de difficulté), que ces derniers restent ouverts et confiants.

La fiche de suivi est un dispositif qui existe dans de nombreux collèges et qui convient aux élèves qui éprouvent des difficultés à travailler régulièrement et/ou qui peinent à rester concentrés pendant les cours. Cette fiche détaille tous les cours de la semaine, et à chaque cours le professeur procède à une évaluation dans plusieurs domaines (travail à la maison, comportement, matériel oublié…). Chaque soir, la famille doit signer le compte rendu de la journée. Ce dispositif permet d'envoyer des messages positifs à des familles qui en général n'étaient contactées par l'école que pour se voir adresser des reproches.

La classe SAS a également beaucoup contribué à améliorer les relations entre enseignants et parents. Cette structure, qui a glissé du curatif vers le préventif, s'est avérée déterminante. En effet, désormais, lorsqu'un élève est en grande difficulté, l'équipe enseignante ou le CPE le signale à la commission SAS, qui évalue si l'élève pourrait tirer bénéfice d'une session de quinze jours. Si la réponse est positive, la famille est contactée et la discussion s'engage de façon positive : au lieu de proposer des sanctions ou des punitions face à un comportement inadapté, le collège propose que l'élève rentre provisoirement dans une structure où il sera pris en charge de façon très personnalisée :
- l'effectif est limité à six élèves ;
- des objectifs personnels sont assignés à chaque élève ;
- un compte rendu précis est adressé à chaque famille à l'issue de la session ;
- des objectifs à quinze jours sont fixés à chaque élève à la sortie du dispositif.

Réconcilier certaines familles avec l'école et pacifier les relations parents-professeurs sont des objectifs prioritaires si l'on veut que l'institution atteigne les objectifs ambitieux qu'elle s'est elle-même assignés. À une échelle modeste, c'est ce que s'emploie à faire notre collège.

CONCLUSION

Le Petit collège gaulois est un établissement à la fois ordinaire et extraordinaire. Ordinaire par la composition de sa population, qui est à l'image de notre pays : divers et hétérogène dans de nombreux domaines. Extraordinaire par l'ambiance qui y règne et par le refus du fatalisme, qui habite chacun de ses membres.

La plupart de ceux qui ont eu la chance d'y travailler ont pu ressentir que tous ces élèves issus d'horizons divers pouvaient vivre ensemble, que cela ne se faisait pas sans heurts, mais qu'une fois les règles posées, le quotidien était très agréable. J'espère, au travers de ce témoignage, vous avoir convaincu que nombre de stéréotypes étaient très éloignés de la réalité, et qu'en fait :
- les enseignants sont exemplaires de courage et d'abnégation ;
- les élèves sont attachants et très soucieux de réussir leur vie et leur entrée dans la société ;
- dans un collège difficile, il peut être très agréable d'enseigner ;
- la tolérance zéro n'aucun sens ;
- les familles des quartiers ne sont en rien démissionnaires ;
- la pédagogie et la volonté peuvent venir à bout des situations les plus difficiles.

La réponse à la difficulté scolaire et à la violence en milieu scolaire passe par une approche humaine et individuelle des problèmes, en permettant à tous les acteurs (scolaires et non scolaires) d'agir ensemble et de parler d'une même voix. Les tenants d'une discipline ferme et les tenants d'une bienveillance accrue pour les élèves en souffrance sont tous légitimes, et c'est la diversité des réponses proposées qui va permettre d'avoir une approche pertinente pour chacune des situations rencontrées.

Travailler dans un établissement tel que le Petit collège gaulois permet de vivre des moments d'une rare intensité, des instants magiques où l'idéal républicain se met à vivre sous vos yeux. La force d'un peuple se mesure aussi à sa capacité à s'unir dans l'adversité. Que ce livre puisse vous permettre de voir dans les jeunes des quartiers non pas une menace, mais une composante essentielle de notre redressement. Les équipes du Petit collège gaulois croient en notre démocratie, en sa jeunesse et dans la diversité des individus qui la composent.

TABLE

INTRODUCTION 9
QUELQUES VICTOIRES EXEMPLAIRES 11
LE COLLÉGIEN ET L'ENTREPRISE 18
LES ORPHELINS DE 16 HEURES 22
MIXITÉ DU COLLÈGE 24
MIXITÉ ET COLLÈGE UNIQUE 27
ÉCOUTER ET SOIGNER 34
SANCTIONNER : TOLÉRANCE 0 ? 37
LE CONSEIL DE DISCIPLINE 44
LES RAVAGES DU FOOT 49
AVOIR UN DISCOURS TOUJOURS POSITIF 53
DE L'INTÉRÊT DE NE PAS ÊTRE ZEP 58
DES EXPERTS PÉDAGOGIQUES : UNE ÉQUIPE EXCEPTIONNELLE . 62
TRAVAIL, FAMILLE, FRATRIE 66
CONCLUSION 70

Pour contacter l'auteur :

vfarjon_conf@yahoo.com